AF242255

LES DOCTRINES ET LES FAITS

DE

L'EMPIRE

PROPOSÉS A LA MÉDITATION

DES

CATHOLIQUES BONAPARTISTES

VOTER POUR L'EMPIRE

C'EST VOTER POUR LA DÉSORGANISATION RELIGIEUSE

ET SOCIALE

Prix : 10 centimes.

AGEN. — IMPRIMERIE DEMEAUX, PLACE PAULIN.

1876

TABLE

—

LES DOCTRINES ET LES FAITS

DE L'EMPIRE

PREMIÈRE PARTIE

LES DOCTRINES DE L'EMPIRE

Il faut le dire, a écrit l'auteur de l'*Essai sur l'indifférence*, il faut le dire, car on ne le saura jamais assez, tout sort des doctrines : les mœurs, la littérature, les constitutions, les lois, la félicité des États et leurs désastres, la civilisation, la barbarie, et ces crises effrayantes qui emportent les peuples ou les renouvellent, selon qu'il reste en eux plus ou moins de vie.

L'homme n'agit que parce qu'il croit et les hommes en masse agissent toujours conformément à ce qu'ils croient, parce que les passions de la multitude sont elles-mêmes déterminées par les croyances. Si la croyance est pure et vraie, la tendance générale des actions est droite et en harmonie avec l'ordre ; si la croyance est erronée, les actions au contraire se dépravent, car l'erreur vicie et la vérité perfectionne. Cela fut bien sensible à l'origine du christianisme, lorsque la religion des sens et la religion de l'esprit, subsistant à côté l'une de l'autre, dans la même société, les yeux pouvaient, à toute heure, comparer leurs effets en même temps que la raison comparait leurs doctrines. (1)

Ainsi, ce qu'il y a de plus dangereux, au point de vue social, ce ne sont pas les révoltes qui se produisent parfois avec des meurtres, des incendies et des pillages ; ce sont les fausses doctrines qui les déchaînent, en les justifiant.

En effet, tant que les principes constitutifs de l'ordre se conservent au sein des populations, les révoltes ne sont point une disposition habituelle des esprits et un état de choses permanent ; ce ne sont que des actes transitoires, déterminés par des craintes mal fondées ou des écarts passagers. Bientôt l'orage se calme, les principes reprennent leur empire, et la société sa marche régulière.

Les fausses doctrines, au contraire, ont toujours pour résultat d'altérer, et quelquefois même de détruire entièrement les bases de l'ordre social. Les principes tombés, il ne reste plus rien pour soutenir l'édifice ébranlé, et la ruine devient inévitable.

Or, parmi les doctrines qui tendent, au milieu de nous, à saper les fondements de la religion et de la société, nous n'en connaissons pas de plus désastreuses que les doctrines du gouvernement impérial.

Les partisans de ce gouvernement détrui-

(1) Essai sur l'indifférence. T. 1.

sent, sans le vouloir peut-être, quelques-uns du moins, tout principe d'ordre religieux et d'ordre social, en proclamant, avec leur trop célèbre chef, les principes mêmes de la révolution et de l'anarchie.

Nous allons dire un mot sur chacun de ses principes.

LA SOUVERAINETÉ DU PEUPLE

Quand on parle de l'autorité, la première question qui se pose est celle de son origine. D'où vient-elle ? Où faut-il en chercher la source ? Sur la terre ou plus haut ? Il est évident que, suivant la réponse qui sera faite, suivant que le pouvoir se glorifiera d'une généalogie plus auguste, il aura plus de dignité, plus de puissance, plus de prestige, plus de chances de paix et de durée. Frappé de l'importance du problème, le rationalisme a voulu le résoudre, et ç'a été pour rabaisser l'origine de l'autorité. On devait s'y attendre ; il ne sait pas ennoblir, il ne sait que déprimer. Ses grands politiques, ses publicistes les plus en renom, ses philosophes les plus accrédités, ont placé la racine du pouvoir dans la volonté populaire.

Telle est aussi la doctrine fondamentale de l'Empire : doctrine athée, puisqu'elle veut que Dieu soit étranger à l'origine du pouvoir ; doctrine matérialiste, puisqu'elle place la source de l'autorité dans la prépondérance brutale du nombre et de la force ; doctrine barbare, parce qu'elle expose manifestement la masse des peuples à devenir, à chaque instant, la proie de quelques coureurs d'aventures ; doctrine, enfin, qui livre la société à d'éternelles tempêtes, par-ce qu'en proclamant les conjurations légitimes et en faisant de la révolte le plus saint des devoirs, il n'est ni perturbateur, ni ambitieux dont elle n'encourage et ne sanctionne par avance les entreprises insensées contre l'ordre public.

Il était difficile de rabaisser davantage le pouvoir. Le faire sortir des caprices de la multitude, et le livrer pour ses modifications et ses déplacements à la merci des conspirateurs et des révolutionnaires, c'est le souiller et l'avilir à la source même. Quiconque ne rougit pas, quiconque surtout se fait un certain orgueil de le recevoir de semblables mains, celui-là manifestement en a fini même avec le sentiment le plus élémentaire de l'honneur ; et, chose aussi bizarre que certaine, quand il paraîtra devant les peuples qui l'auront porté sur le pavois, compromis par le principe même de son élévation, il verra, quelle que soit sa puissance, ses titres au respect éternellement contestés.

De là, pour l'Empire, l'impossibilité de vivre et de se défendre sans une inconséquence perpétuelle avec ses propres doctrines. A Dieu ne plaise qu'il renie la souveraineté populaire, surtout quand il est par terre : à chaque instant il en parle avec emphase ; c'est la divinité du siècle. Mais, quand il est debout, il se garde bien de l'accepter dans toute son étendue ; il l'endort par des éloges, il l'aveugle par des sophismes, il la trompe par des hypocrisies, et au besoin, les bornes que la logique ne lui permet pas de lui donner, il les lui impose par la violence.

De même pour les conspirations et les révolutions : quand l'Empire veut monter sur le trône, elles peuvent être légitimes ; honneur à ceux qui les font à son profit : mais lorsqu'il a réussi à s'emparer du pouvoir, elles seraient criminelles parce que la souveraineté nationale a dit par elles son dernier mot et s'est dépouillée du droit de revenir sur l'œuvre qu'elles ont accomplie.

Ainsi, la grande sagesse de l'Empire consiste à savoir, dans de justes proportions, flatter son principe et le démentir, diviniser les passions populaires et les comprimer. Et, parce qu'après tout la logique est toujours plus forte que toutes les habiletés, les périls d'un tel pouvoir, qui est tout à la fois la révolution et le despotisme, s'en vont sans cesse croissant par les moyens mêmes qu'il emploie pour les conjurer, et le principe qui l'a porté au faîte des choses humaines, finit tôt ou tard par le précipiter dans l'abîme, sans que la ruse ou la force puisse le protéger contre ce naufrage.

LE SUFFRAGE UNIVERSEL

L'Empire nous a dit et nous répète que *le suffrage universel, c'est la voix de la souveraineté du peuple*; voix perfide, répondrons-nous, puis-qu'elle ne se fait entendre que pour nier l'existence de cette souveraineté.

En effet, le peuple n'est point *un seul* individu, un être simple et immuable. Si nous l'interrogeons, nous ne trouvons nulle part dans sa réponse unité de pensées, unité de sentiments, unité de volonté; partout ses votes se divisent et le partagent lui-même en deux parties au moins : d'un côté nous avons la majorité, la minorité de l'autre.

Mais quelle est, de ces deux portions du peuple, celle qui doit gouverner ou qui possède la souveraineté ? C'est la plus nombreuse, nous dit-on. Ne me parlez donc plus du *gouvernement du peuple par lui-même*, de la *souveraineté du peuple*; ce sont là des mots vides de sens. Dites, ce qui est bien différent, le *gouvernement de la minorité par la majorité*, la *souveraineté du plus grand nombre*, et je vous comprendrai.

Maintenant, toute la question est de savoir si la *majorité* est réellement souveraine.

La souveraineté, ne l'oublions pas, étant le pouvoir suprême, celui duquel tout relève, il est de son essence d'être absolue, de faire loi et d'obliger toujours.

Or, je demande si le nombre fait loi, s'il gouverne de droit l'autre portion du peuple, laquelle peut comprendre, dans un cas donné, la moitié moins *un* des habitants d'un pays; je demande si la raison se trouve toujours du coté de la *majorité*, qui se compose souvent d'une multitude de gens sans instruction, sans dévouement, sans vertu. Qui oserait se prononcer pour l'affirmative ?

« Ne nous plaignons pas de la *minorité*, disait M. Laurentie dans l'*Union*, au mois d'avril 1873 ; ce sont les minorités sensées qui finissent par maîtriser les foules aveugles. Le petit nombre garde les principes qui donnent la vie à l'humanité, et lorsque l'unanimité nationale se déclare par des manifestations inopinées, c'est toujours en attestant la vérité doctrinale que l'élite des sages, des honnêtes gens et des vertueux, garde en sa conscience pour le salut du peuple entier. »

Mais voici un autre témoignage que je me plais à recommander tout spécialement à l'attention des partisans de la démocratie couronnée : « Il est contre l'ordre naturel, dit Rousseau, que le grand nombre gouverne, et que le plus petit soit gouverné. (1) »

Donc, la majorité n'est pas souveraine.

Tout ce qu'on peut dire, c'est qu'il y a présomption en faveur de la *majorité*, pour tout ce qui n'est pas évident, quand cette majorité ne s'est formée que dans un milieu de gens sages et éclairés. Mais admettre, comme un principe, la souveraineté du plus grand nombre, tel surtout que nous le fait le suffrage universel, c'est vouloir tomber sous le droit de la force, qui, dans l'état sauvage, s'exerce sous la forme d'un coup de massue, et, chez les nations civilisées comme la France, par l'assassinat, l'incendie et le pillage.

Nous arrivons donc toujours à cette conclusion, que le peuple n'est pas et ne peut pas être *souverain*.

Est-ce à dire pour cela que nous, légitimistes, nous rejetions le suffrage universel honnêtement pratiqué? Non. Mais nous ne voulons pas que le prétendu droit des plus nombreux, lequel ne s'appuie que sur une présomption, soit un droit réel; nous ne voulons pas qu'on fasse planer le doute sur les principes éternels et indiscutables de l'ordre religieux et social, et qu'on les expose à être méconnus et condamnés, en les soumettant à l'examen d'un tribunal qui est loin d'être infaillible. Qu'on soit disposé à subir les conséquences du suffrage universel quand il s'agit de choses d'une importance secondaire ou que l'erreur ne peut avoir aucun grave inconvénient, soit. Même dans ces limites, l'autorité du plus grand nombre n'est jamais qu'une autorité de convention, dont on se réserve implicitement la faculté de réformer les jugements, s'il y a lieu. Ce n'est pas à proprement parler, une autorité, un droit; ce n'est pas un principe. Ce n'est qu'*un moyen d'en finir entre des volontés opposées*, sur des questions qui divisent les esprits, même les plus sages. Elle ne se justifie que par *l'impossibilité de s'y prendre autrement*.

Mais, du moins, dans ces limites, cette autorité conventionnelle de la *majorité* ne saurait avoir le résultat dangereux d'un principe comme la *souveraineté du nombre*, laquelle aboutit, ainsi que nous l'avons constaté, au régime de la force, ou de la tyrannie des masses.

D'où je conclus que le peuple n'est pas *souverain* et que l'Empire veut se fonder sur un principe faux et brutal.

LE PRINCIPE DES NATIONALITÉS

Tous les Etats contenus dans tel ou tel bassin géographique, tous les peuples issus de telle ou telle souche, parlant telle ou telle langue, doivent, pour répondre aux vœux de l'Empire, abattre toutes leurs barrières, renoncer à toutes leurs traditions, proscrire et renverser tous leurs gouvernements, et sur ces débris confondus constituer une grande famille unitaire. Ce but sacré justifie tous les moyens employés pour y parvenir. Vous avez besoin de calomnier les pouvoirs établis, afin de les dépopulariser, fussent-ils aussi légitimes que ceux du souverain Pontife ? Libre à vous de les calomnier à outrance. Il faut des conspirations ? Conspirez tout à l'aise. Des assassinats vous semblent bons et nécessaires ? Assassinez. Des intrigues et des infamies politiques vous seront précieuses ? Cherchez des complices parmi les souverains, et si vous en trouvez, avec la force, le succès et les grands mots de *progrès* et de *civilisation moderne*, vous absoudrez tous les crimes. Y aurait-il avantage à déchaîner la guerre ? Déchaînez-là dans les proportions même les plus formidables ; on peut bien noyer des peuples et de vastes contrées dans le sang, pour assurer l'exécution d'une grande utopie et le triomphe d'une grande iniquité ; que ne doit-on pas à l'*unité* de la *patrie* et à la constitution d'une *nationalité* ? Seulement, avant de commencer, ayez soin d'annoncer. de la manière la plus solennelle, que *l'Empire c'est la paix !*

C'est au nom de ce *principe des nationalités* et par les moyens dont nous venons de parler, que l'Empire a fait l'unité de l'Allemagne, l'unité de l'Italie, qu'il a sacrifié, dans ce but, le droit des princes légitimes, l'indépendance du Souverain Pontife, et qu'il est arrivé finalement à l'humiliation et à l'écrasement de la France.

LE PRINCIPE DE NON INTERVENTION ET LE PRIQCIPE DES FAITS ACCOMPLIS

On ne peut pas nier que l'Empire n'ait tenté d'introduire dans le droit international le principe de *non-intervention* et le principe des *faits accomplis.* Or, qu'est-ce que cette doctrine ? C'est une doctrine qui n'est pas sincère ; on la proclame parce qu'on en a besoin pour seconder ou consommer un attentat, comme on le fit dans la fameuse *convention du 15 septembre,* et le lendemain on ne se fera pas scrupule de l'enfreindre pour venir au secours d'une cause souillée et d'un drapeau flétri ; jamais en Europe gouvernement n'est plus fréquemment intervenu que l'Empire dans les affaires des nations étrangères. C'est une doctrine parfois injuste, parce qu'elle dépouille les peuples du droit qui leur appartient essentiellement de faire les alliances qu'ils jugent convenables pour la défense ou la revendication de leurs intérêts légitimes. C'est une doctrine fréquemment immorale parce qu'on l'étend comme un bouclier snr la révolte et le brigandage triomphants, afin de leur assurer la paisible possession du fruit de leurs forfaits. Enfin, c'est une doctrine devenue de temps en temps impie et barbare, parce qu'on en a abusé pour justifier ou autoriser l'oppression des gouvernements et des Etats faibles et catholiques.

Dites après cela que l'Empire ne soutient pas des principes anti-catholiques et anti-sociaux et qu'il a bien mérité du droit international et de la civilisation.

LE LIBÉRALISME

Parmi les nombreux caractères qui distinguent l'Empire, qui nous a démembrés et ruinés, de la monarchie légitime, qui a fait la France la première nation de l'Europe, il en est un qui nous paraît les comprendre tous, c'est celui d'appartenir à l'école libérale du XIXme siécle. « Or, de toutes les écoles, a écrit un profond publiciste de notre époque, l'école libérale est la plus stérile, parce qu'elle est la moins savante et la plus égoïste.... Impuissante pour le bien, parce qu'elle manque de toute affirmation dogmatique ; impuissante pour le mal, parce qu'elle a horreur de toute négation intrépide et absolue, elle est condamnée, sans le savoir, à aller se jeter avec le vaisseau qui porte sa fortune, ou dans le port du catholicisme, ou sur les écueils socialistes. Cette école ne domine que lorsque la société se dissout. Le moment de sa domination est ce moment transitoire et fugitif où le monde ne sait pas s'il choisira Barrabas ou Jésus, et demeure en suspens entre une affirmation dogmatique et une négation suprême. La société se laisse alors volontiers gouverner par une école qui jamais n'ose dire : *j'affirme*, qui n'ose non plus dire : *je nie*, mais qui répond toujours : *je distingue*. L'intérêt suprême de cette école est que le jour de la négation radicale ou des affirmations souveraines n'arrive pas, et, pour l'empêcher d'arriver, elle a recours à la discussion, vrai moyen de confondre toutes les notions et de propager le scepticisme. Elle voit très bien qu'un peuple qui entend perpétuellement des sophistes soutenir sur toutes choses le pour et le contre, finit par ne plus savoir à quoi s'en tenir sur rien, et par se demander si réellement la vérité et l'erreur, le juste et l'injuste, le honteux et l'honnête sont choses contraires, ou si ce ne serait pas plutôt une même chose considérée à des points de vue divers. Si longues que puissent paraître dans la vie des peuples les époques de transition et d'angoisse où règne ainsi l'école dont je parle, elles sont toujours de courte durée. L'homme est né pour agir ; et la discussion perpétuelle, incompatible avec l'action, est trop contraire à la nature humaine. Un jour arrive où le peuple, poussé par tous ces instincts, se répand sur les places publiques et dans les rues, demandant résolument Barrabas ou Jésus, et roulant dans la poussière la chaire des sophistes ! »

L'Empire est un digne enfant de l'école libérale. Lui non plus n'affirme rien et ne nie rien, ou, du moins, il ne sait ni ce qu'il affirme ni ce qu'il nie, quand il proclame la *souveraineté du peuple*, le *suffrage universel*, le principe des *nationalités*, celui de *non-intervention*, et celui des *faits accomplis ;* il ne sait point s'il affirme le vrai ou le faux, le juste ou l'injuste, l'ordre ou l'anarchie ; d'où je conclus qu'il n'affirme et ne nie rien, et se réserve le droit, suivant les circonstances, de tout affirmer ou de tout nier.

Donc l'Empire, ce n'est pas l'autorité, c'est la révolution et le despotisme, c'est la mort d'une nation.

De quoi se meurent, en effet, de l'aveu de tous, les sociétés humaines ? Du défaut d'autorité. Or, qu'est-ce qui fait autorité dans le monde, si ce n'est la vérité, et la vérité seule ? Par *vérité*, nous entendons tous les principes de droit, de justice, d'ordre, d'honneur, de vertu, principes immortels venus du ciel, que l'homme n'a point faits, qui sont indépendants de lui, au-dessus de lui, et qui s'imposent à la saine raison, comme la lumière à nos yeux.

Eh bien ! qu'a fait l'Empire, nous le demandons, avec son libéralisme ? Il a tout placé au même niveau dans l'esprit public : le juste et l'injuste, le vrai et le faux, le vice et la vertu, le bien et le mal ; il les a placés au niveau d'une opinion que chacun reste libre d'admettre ou de rejeter.

Aussi n'avons-nous plus au sein de notre société aucun principe généralement reconnu, c'est-à-dire plus rien qui soit l'autorité en soi, plus rien par conséquent qui puisse nous la communiquer, et avec elle la liberté, qui consiste avant tout à savoir ne dépendre que de la vérité.

Dans le système impérial, le pouvoir reste sans autorité, parce qu'il n'est plus le règne des principes, mais la tyrannie des volontés capricieuses de l'homme ; la soumission reste sans liberté, parce qu'elle n'est plus l'adhésion spontanée à des principes qui s'imposent de soi à la droite raison, mais l'abaissement forcé des volontés plus faibles devant les volontés plus fortes. Tout n'est plus qu'un conflit croissant entre les puissances aveugles du despotisme et de la licence, conflit qui doit infailliblement aboutir à l'épuisement et à l'extinction de toute vie sociale au sein d'un pays. Ce serait pour la France la conséquence inévitable des doctrines de l'Empire.

Et cela se conçoit : dès le moment qu'il n'y a plus de vérités officiellement reconnues dans le monde, que tout est réduit à l'état d'opinion, faut-il s'étonner que, les opinions étant libres de soi, chacun veuille être à soi-même son autorité, sa seule autorité ; que tout lien d'union se trouve ainsi brisé ; que la société se divise en autant de partis contraires qu'il y a de têtes, et qu'enfin elle s'ébranle et menace de s'écrouler ? C'est la conséquence logique, nécessaire de ce libéralisme qui veut tout niveler dans le vaste champ des idées, jusqu'à ces cimes majestueuses que Dieu avait élevées dans la plaine pour la dominer, la défendre, la féconder, et que nous nommons les *principes*.

De plus, qu'est-il arrivé ? C'est que les hommes les plus nuls sous tous les rapports, des hommes sans valeur morale et sans valeur intellectuelle, ont acquis vis-à-vis de notre pays le droit d'exercer le pouvoir. Que faire ? Si nous admettons qu'il n'y a plus de vérités, plus de justice, plus de vertus, plus de principes sacrés et inviolables, que tout n'est qu'opinion dans le monde, et que la volonté populaire fait le droit, pourquoi ne serait-il pas permis à tous les hommes, sans distinction, d'aspirer à l'honneur de tenir le sceptre ? C'est encore une conséquence du système, et cette conséquence n'est, hélas ! que trop souvent, depuis l'Empire, une déplorable réalité.

Que de fois, en effet, ne voyons-nous pas le pouvoir confié à des hommes que Dieu n'avait certainement pas cr'' être la lumière du monde et le sel d Terre, qui semblen ne se multiplier dan les emplois publics que pour ébranler plus vite l'édifice social en substituant le règne de l'erreur à celui de la vérité, le règne du vice à celui de la vertu, en substituant, en un mot, le règne de leurs passions à celui des vrais principes, c'est-à-dire la tyrannie à l'autorité.

Ainsi, désormais, en vertu des doctrines de l'Empire, ceux-là seuls ont le droit de gouverner, qui, par mille artifices, par mille ruses, par mille intrigues, par mille bassesses, sont parvenus à obtenir, avec la majorité des suffrages le pouvoir ou la force matérielle. Peu importe la question de savoir s'ils ont quelque valeur, s'ils possèdent une certaine somme de vérités et de vertus sociales ; ils on été élus, tout est dit, ils ont l'autorité.

Cela nous explique pourquoi les principes du régime impérial n'ont jamais pu monter sur le trône sans faire descendre la société et placer un grand pays sous les pieds de l'étranger.

Or, quand une nation doit à un gouvernement d'être arrivée à ce degré d'abaissement intellectuel et moral, quand elle lui doit d'avoir été si indignement foulée et démembrée, elle n'a plus qu'une chose à faire : c'est de se réjouir, si le gouvernement tombe, et de le repousser lorsqu'il cherche à se relever.

DEUXIÈME PARTIE

LES FAITS DE L'EMPIRE

FAITS RELATIFS A LA QUESTION ROMAINE

Le Saint-Siége n'eut point de plénipotentiaire ni d'organe au Congrès de 1856, et quoique absent, on le laisse flétrir par le représentant du Piémont.

Après un tel abandon, il est aisé de comprendre tout ce que la guerre d'Italie devait jeter d'alarmes dans les âmes cathcliques.

M. le Ministre des Cultes écrivit à l'Episcopat français pour le rassurer. « Le prince, disait-il, veut que le Chef suprême de l'Eglise soit respecté dans tous ses droits de souverain temporel (1). »

Malgré cette parole, on laissa envahir les Légations par les armes piémontaises. Rome proteste ; un Congrès doit, dit-on, s'assembler pour juger les faits occomplis et les réclamations du Saint-Siége qui les condamnent. Mais alors paraît brusquement une brochure mystérieuse devenue célèbre, **sous** ce titre : *Le Pape et le Congrès.* Une grande pénétration ne fut pas nécessaire aux Evêques pour deviner les désastres qu'enfanterait ce libelle..,

(1) Lettre de M. Rouland, 4 mai 1859.

Rome flétrit la brochure, et c'était son droit. Aussitôt le *Moniteur* nous apprend qu'une lettre *impériale*, datée du 31 décembre 1859, avait parlé à peu près dans le même sens au Saint-Père. Par elle, nous étions rejetés bien loin du point de départ. Au début, M. le Ministre des Cultes avait dit, au nom de son maître : « L'Empereur veut que le Chef suprême de l'Eglise soit respecté dans tousses droits de souverain temporel. «Après Villafranca, cette énergie se tempère. L'Empereur lui-même écrit au Saint-Père pour le prier d'accorder aux Romagnes une administration séparée avec un gouvernement laïque (1). Enfin, quelques mois plus tard, le 31 décembre, le même Souverain réclame un sacrifice plus radical encore et conjure Pie IX de faire l'abandon définitif des provinces révoltées, en les confiant à Victor-Emmanuel comme son *vicaire*. Il est vrai que dans cette combinaison ses droits de suzerain auraient été reconnus sur le papier ; mais il n'en aurait pas moins eu pour *vicaire* un prince qui avait été son spoliateur et qu'il avait lu-même excommunié ; il n'en aurait pas moins consacré le douî ait de la rébellion populaire et de l'invasion piémontaise. Certes, pour trouver dans cette politique des signes rassurants, il aurait fallu avoir une singulière intrépidité de confiance. Aussi, M de Cavour ne craignait-il pas de dire, le 26 mai 1860, en parlant de la lettre

<hr>

(1) 14 juillet 1859

impériale : « Ce n'est pas là une simple lettre, c'est la manifestation d'un grand principe. Dans cette lettre l'Empereur déclare que le Pouvoir temporel du Pape n'est pas *sacré*. Cette lettre a pour nous l'importance de la délivrance de Venise. »

Frappé de l'impression qu'avait faite sur l'esprit public la différence remarquée entre le langage du gouvernement et ses actes vis-à-vis de Rome, le ministre des cultes, M. Rouland, crut devoir l'expliquer par ces mots : « La force d'événements *imprévus* peut contraindre les plus loyales intentions à se modifier elles-mêmes (1). » Déclarer officiellement à la face du monde que les intentions du gouvernement vis-à-vis du Saint-Siége s'étaient *modifiées* par la *force d'événements imprévus*, c'était ouvrir carrière aux plus sinistres suppositions. Puisque la main de la France avait cru devoir faiblir, puisqu'elle avait laissé passer le flot de la conquête et de l'usurpation, où s'arrêteraient les vagues devenues libres ? Et ne se hâteraient-elles pas d'engloutir toutes les possessions pontificales et la souveraineté même du Saint-Père ?

Nous savons ce qui est arrivé.

L'Encyclique du 19 janvier 1860 est lancée dans le monde. Tous les vrais catholiques applaudissent à ce coup de foudre frappant des fronts coupables. Mais bientôt S. E. le ministre des affaires étrangères, M. Thouvenel écrit

______

(1) *Moniteur* du 23 janvier 1860.

à M. le duc de Gramont pour blâmer l'acte pontifical (1). On comprend tout ce qu'il y avait d'affligeant dans ce blâme. Il accusait formellement le Souverain-Pontife de ne pas connaître la théologie ; d'ignorer les limites de sa puissance spirituelle ; de confondre, sans s'en douter, deux ordres d'intérêts séparés entre eux par des abîmes. Et c'est un ministre de France qui tient ce langage ! Qui ose ainsi censurer et enseigner le Vicaire de Jésus-Christ, le docteur des docteurs, le Maître souverain des pasteurs et des fidèles !

A son tour, M. le ministre des cultes adresse à l'Episcopat français, sous ls date au 17 février 1860, une longue circulaire, non plus pour dissiper ses alarmes , non plus pour lui dire avec autorité que l'Empereur *veut que le Saint-Père soit respecté dans tous ses droits de souverain temporel*, mais plutôt pour lui dicter un jugement sur les faits accomplis dans les Romagnes. On *offre, comme on le lui a toujours offert, le plus sincère concours pour les solutions possibles et les moins dommageables à ce souverain temporel* (2), qui ne devait être dépouillé de rien et dont notre présence en Italie ne devait nullement contribuer à *ébranler le pouvoir* (3).

Cette circulaire nous arrachait jusqu'au dernier atôme d'espérance.

Dans la douleur de voir le Souverain Pontife

(1) Dépêche du 12 février 1860.
(2) Lettre de M. Rouland du 17 février 1860.
(3) Proclamation de l'Empereur au peuple français

abandonné en même temps que dépouillé, nous présumions qu'une dernière consolation nous serait laissée, celle de pouvoir aller sans entraves au secours de sa détresse. Nous nous trompions. Une nouvelle lettre de M. le ministre des Cultes ne tarda pas à nous en convaincre. Le 5 mai, il faisait à l'Episcopat la commnnication suivante : « Le Pape s'est déterminé à contracter un emprunt et il désire le négocier en France. Les Evêques et le Clergé ne sauraient être, comme personnes publiques, organisateurs, agents ou intermédiaires d'une mesure exclusivement politique et séculière (1). »

Voilà pour l'Emprunt:

Voici pour le denier de Saint-Pierre : « Que les citoyens donnent librement et individuellement, c'est leur droit. Mais *les adhésions ne peuvent être ni provoquées ni organisées* comme s'il s'agissait d'une *dette* ou d'une *contribution nationale* (2). »

Rien n'était lumineux, nous dirons même accablant cemme les conclusions qu'il était permis de tirer de cette double défense. Mais continuons à citer des faits.

Ne permit-on pas au théâtre de vouer le gouvernement pontifical aux risées et aux sacriléges indignations du parterre, dans une pièce devenue fameuse parce qu'elle était l'ignoble parodie et la criminelle censure d'un fait que

(1) Lettre de M. Rouland, 5 mai 1860.
(2) Lettre de M. Rouland, 5 mai 1860.

nul théologien laïque n'avait le droit de juger.

Ne laissa-t-on pas également toute latitude, soit aux journaux officieux, soit à ceux dont la bannière est celle d'une impiété flagrante, pour insulter Pie IX et son gouvernement dans les termes les plus indignes, nous devrions dire les plus monstrueux ?

1° Journaux autorisés par l'Empire, jusqu'en 1865 :

Contre l'Eglise : *Opinion nationale, Temps, Nation, Globe, Esprit public, Avenir national, Revues de Paris, Germanique, Française, nationale.*

Pour l'Eglise : *La France.*

2° Journaux frappés par l'Empire, à cause des discussions religieuses :

Contre l'Eglise : Aucun.

Pour l'Eglise : Tous.

Notamment, la *Gazette de Lyon* fut supprimée, l'*Ami de la Religion* fut transformé au moment où paraissait la *France* ; l'*Univers* perdit son nom et son chef ; l'*Union de l'Ouest* et le *Journal de Rennes* furent suspendus ; le *Journal des villes et des campagnes,* qui paraissait quatre fois par semaine, n'obtint pas de paraître sept fois, au moment même où l'*Avenir national* était autorisé.

Les Evêques devaient avoir leur tour. Il fut interdit aux journaux de reproduire dans leurs colonnes ceux de leurs mandements qui touchaient à la question romaine. Ainsi, grâce au silence qui leur était imposé, les journaux impies pouvaient faire circuler partout leurs calomnies et leurs haines contre le Saint-Siége et les voix les plus autorisées à le défendre ne pouvaient se faire entendre que dans un cercle limité.

Qui ne conserve le souvenir de la petite armée pontificale, toute composée de héros, et de l'affreux assassinat dont elle fut victime, sous les yeux de l'Empire impassible, dont le drapeau tricolore flottait sur les remparts de Rome ? Sous la conduite de l'intrépide et généreux Lamoricière, le Saint-Siége avait réuni, pour se défendre contre la révolution, des forces proportionnées aux périls intérieurs qu'il pouvait avoir à courir. Ce n'est point là ce que voulait l'Empire. Par ses journaux et ses diplomates, il avait poussé le Saint-Père à se donner des troupes ; et, quand ces troupes existent, il jure de les laisser anéantir. Castelfidardo couvrira à jamais l'Empire d'une honte inexorable.

Enfin, arriva le jour où devait s'accomplir l'acte le plus important de cette perfide politique. Le 15 septembre 1864, il fut signé entre l'Empereur et le Roi Victor-Emmanuel une *Convention* par laquelle la France s'engageait à abandonner, dans deux ans, à l'Italie, la garde de la Papauté. Cela signifiait pour tous ceux qui n'avaient pas un bandeau sur les yeux, que la France avait deux ans pour se préparer à la retraite, l'Empire deux ans pour consommer sa trahison, le Pape deux ans pour se résigner à son sort, et le Piémont deux ans pour s'acheminer à ses fins.

En réalité, les troupes françaises ne sortirent définitivement de Rome qu'en 1870; ce fut pour être témoins de l'expiation que la Justice divine avait préparée pour l'Empire à Sedan.

FAITS RELATIFS A LA SOCIÉTÉ DE SAINT-VINCENT DE PAUL.

Nous ne pouvons mieux faire connaître la mesure prise par M. de Persigny, au nom de l'Empereur, contre la Societé de Saint-Vincent de Paul, qu'en empruntant les paroles d'une lettre que Monseigneur l'Evêque de Nîmes adressa, le 30 octobre 1861, sur ce sujet à M. le Ministre des Cultes.

... « Le dirais-je, M. le Ministre ? Instinctivement mon visage s'est caché dans mes mains, quand j'ai vu cette lettre (la lettre de M. de Persigny), s'ouvrir par un froid rapprochement entre *nos Sociétés de Saint-Vincent de Paul*, de *Saint-François-Régis*, de *Saint-François de Sales* et la *Franc-Maçonnerie !* Que des journaux sceptiques et révolutionnaires, se fussent permis cette inconvenance, ce serait à mes yeux chose toute naturelle ; ils n'ont jamais eu le sens de la pudeur.

..... Mais il ne s'agit plus ici d'une méprisable folliculaire. C'est un ministre qui parle et qui signe ; c'est un ministre attaché au gouvernement d'un grand peuple catholique ; c'est lui qui met en regard et place sur la même ligne deux genres d'associations aussi opposés l'un à l'autre, que le ciel l'est à l'enfer , que la religion l'est à l'athéisme. En vérité, je le déclare avec une affliction sans mesure , jamais aucun autre gouvernement, que je sache , ne s'est senti le courage d'établir uue telle comparaison. C'est à n'en pas croire ses yeux ; on se demande, en lisant ces quelques lignes, si l'on n'est pas le jouet d'un rêve funèbre. » Toutes les protestations restèrent sans résultat : Le conseil central des Conférences de Saint-Vincent de Paul fut dissous au profit de la *Franc-Maçonnerie*, que l'Eglise a condamée, et que l'Empire osa reconnaître officiellement.

FAITS RELATIFS A L'ENCYCLIQUE DU 8 DÉCEMBRE 1864.

L'éminent Evêque d'Orléans écrivit, sur le sujet qui nous occupe, les lignes suivantes, Lien faites pour édifier les catholiques bonapartistes. « Le 8 décembre 1864, le Souverain Pontife, le Pape Pie IX, a adressé une lettre Encyclique à tous les Evêques du monde.

C'était un acte religieux. Qu'on le remarque bien, il était adressé aux Evêques seuls. Le pape en les exhortant à combattre avec énergie autour d'eux les erreurs qu'il signalait, les laissait juges du moment, de la forme, des explications utiles, selon le besoin des fidèles et les circonstances des temps et des pays.

Or, cet acte, ainsi communiqué par le Souverain Pontife aux Evêques, a reçu, par la voie des journaux, une publicité immense, sans délai, sans précaution, sans limite. Cet acte qui n'était adressé qu'aux Evêques, les Evêques seuls se sont vu retirer, par une circulaire de M. le ministre des Cultes, en date du 1er janvier 1865, la faculté de le publier.

Je puis acheter 400 numéros du *Siècle* contenant l'Encyclique, et l'envoyer à tous les curés de mon diocèse. Si l'un d'eux monte en chaire, et lit cette Encyclique à ses paroissiens, il commet un abus, et le journaliste n'en a commis aucun.

Si, dans cette paroisse, un temple protestant est ouvert, le ministre peut lire l'Encyclique et la commenter, le prêtre catholique ne le peut pas.

Et quel est le motif de l'interdiction ? On affirme que la lettre du Pape contient plusieurs propositions *contraires à la Constitution du pays*. Pour ma part, j'affirme que cela n'est pas et je le démontrerai.

Mais, s'il en est ainsi, toute publicité devrait être interdite, et le ministre protestant ou l'écrivain contreviennent à la loi, aussi bien que le prêtre ou l'Evêque.

Nullement.

La loi que l'on applique est une loi spéciale, contenant des pénalités spéciales, contre une classe spéciale de citoyens, en vertu d'une liberté spéciale, que l'on appelle *gallicane*, inventée par deux souverains spécialement libéraux.

Ah ! qu'ils sont d'admirables logiciens ces

libéraux corrupteurs de la langue française, qui nomment *empiétement* une Encyclique d'un Pape désarmé, et *liberté* la circulaire d'un ministre qui commande à tous les tribunaux et à la gendarmerie.

Je ne m'étonne pas qu'un certain nombre de mes vénérés collègues, placés dans ce douloureux conflit, dont nous ne sommes pas les auteurs, se soient crus obligés de passer outre à la circulaire administrative, ayant à défendre à la fois la parole pontificale et leur propre dignité. »

On lit dans le *Moniteur universel* du jeudi 12 janvier 1865 :

« Mgr de Dreux-Brézé, Evêque de Moulins, a cru pouvoir, dimanche dernier, 8 janvier, dans la chaire de sa cathédrale, donner lecture de l'Encyclique du 8 décembre 1864, même dans les parties dont la réception et la publication n'ont pas été autorisées.

» Sur un rapport soumis à l'Empereur par M. le garde des sceaux, ministre de la justice et des cultes, rapport approuvé par Sa Majesté, un recours comme d'abus a été exercé contre Mgr l'Evêque de Moulins devant le Conseil d'Etat. »

On lit dans le *Moniteur universel* du dimanche 15 janvier 1865 :

« Un recours comme d'abus a été formé devant le Conseil d'Etat contre Mgr Mathieu, cardinal-Archevêque de Besançon, qui, le dimanche 8 de ce mois, à la messe paroissiale de la métropole, a donné lecture du texte complet de l'Encyclique du 8 décembre, dont la dernière partie a été seule officiellement reçue et publiée dans l'Empire. »

Nous livrons tous ces faits à la méditation des catholiques bonapartistes.

ÉTAT DANS LEQUEL L'EMPIRE A MIS LA FRANCE AU POINT DE VUE MORAL.

M. Dufaure, ministre de la justice, a fait paraitre son rapport sur la *moralité publique*. Il est malheureusement trop constaté que, dans notre pays, cette moralité baisse, chaque jour, d'une manière effrayante. Voici quelques chiffres sur la marche progressive des condamnations :

1° A la prison ou l'amende,

         En 1828 :   46,461,
         Aujourd'hui : 155,495.

2° Délits simples,

         En 1828 :   16,581,
         Aujourd'hui : 44,735.

3° Attentats à la pudeur,

         En 1828 :   161,
         Aujourd'hui :   808.

4° Suicides,

         En 1828 :   2,119,
         Aujourd'hui : 5,525.(1)

Pauvre France ! et les journaux de l'Empire qui nous chantent, sur tous les tons que notre

(1) *Echo de Bon-Encontre*, 11 décembre 1875.

patrie, pendant dix-huit ans, a *progressé* visible-
ment. Oui, nous avons marché..... mais vers
l'abîme !!!

CE QUE L'EMPIRE A FAIT POUR LA FRANCE

L'Empire a promis la paix, et il a donné la
guerre pendant tout son règne.

Il a promis de reconnaître la souveraineté nationale, et il n'a reconnu que sa volonté propre,
toutes les fois que la volonté du peuple eût
contrarié ses desseins ambitieux, témoin le
18 brumaire et le 2 décembre.

Il a promis la liberté, et il a emprisonné ou
exilé tous ceux qui ont refusé de se courber devant son despotisme.

Il a promis le bonheur et la tranquillité des
familles, et il y a introduit les larmes et le
deuil, en faisant périr cinq cent mille français
sur les champs de bataille.

Il a promis la prospérité, et il a ajouté douze
milliards à la dette du pays, sans compter les
impôts écrasants qui pèsent aujourd'hui sur
nous, et qui sont la conséquence des dépenses
qu'il a faites et qu'il nous faut payer.

Il nous a promis la grandeur, et il a fait descendre la France au dernier rang parmi les nations de l'Europe.

Il a promis le respect de la religion, et il l'a
baillonnée sur les lèvres de ses ministres.

Il nous a promis des alliances, et nous nous
sommes vus abandonnés de toutes les puissan-

ces étrangères, quand il a eu fait l'Allemagne et l'Italie pour nous écraser.

Enfin, il a promis la victoire, et il a donné la défaite ; la gloire et il a donné l'humiliation ; la conquête, et il nous a démembrés.

Encore une fois, nous livrons tous ces faits, non plus seulement à la méditation des catholiques bonapartistes, mais à la méditation de tous ceux qui méritent de porter le titre de *Français*.

TROISIÈME PARTIE

LA DYNASTIE NAPOLÉONIENNE

Une dynastie, écrit le R. P. At, dans son excellent ouvrage : *Le vrai et le faux en matière d'autorité et de liberté*, est sortie des convulsions de l'ère moderne : c'est la dynastie napoléonienne. Elle prouve plus éloquemment que toute autre la doctrine que nous avons établie sur la mission de l'autorité, et sur les vindictes dont ses crimes sont châtiés ; car aucune ne jeta un éclat si prodigieux, et n'arriva si vite à sa fin. Il n'y a pas un siécle qu'elle occupe la scène. Elle en est à peine à son troisième prince, en comptant ce triste roi de Rome, qui porta un nom fatal.

NAPOLÉON Ier

Le fondateur de cette dynastie fut un génie de premier ordre. Il balança Alexandre et éclipsa César. C'était un composé de plusieurs grands hommes, et la terre ne put pas le porter. Soldat inspiré, il livra cent batailles et les gagna presque toutes ; ses défaites ne sont pas sans honneur. Penseur profond, l'idée se dégageait de sa tête comme l'éclair de la nue. Organisateur vigoureux, il mit sa main dans les ruines, et il les souleva en se jouant. Il dompta la révolution en l'appelant sa mère. Sous sa botte, le sol ne tremble plus ; à sa voix, les temples se rouvrirent, et la prière cessa d'être un crime. La propriété retrouva ses titres ; un code sortit du chaos des lois antiques ; le travail prit un nouvel essor ; bientôt les citoyens se rassurèrent ; l'ordre régna du Tage au Rhin, et de la Seine au bord du Tibre. La patrie émergea de l'abîme, étonnée de sa force, et elle salua l'homme fastique qui l'invitait à jouir de sa gloire.

Cependant cet homme dura peu ; car tout n'était pas vrai dans sa grandeur. Il ressemblait à la statue de Nabuchodonosor, qui avait de l'or au front et de l'argile aux jambes. Il était possédé d'un double esprit contradictoire ; l'unité, la condition des œuvres solides et le cachet des restaurations d'empire, n'apparut pas suffisamment chez lui. Il releva les autels, et il persécuta le pape. Il était catholique à

Paris, et musulman en Egypte. Dans l'Inde, il
aurait adoré Bouddha. Il combattit la révolution d'une main, il la flatta de l'autre ; il n'em-
prunta à la royauté traditionnelle que le céré-
monial : sous la pourpre, il garda le ton d'un
parvenu, et surtout les idées de son temps.
Servi par des libéraux, il fut toujours despote,
Il fonda des parlements, mais il en resta le maître. Il répondit aux résistances légales par la
crosse de ses grenadiers. Il était violent, et il
se possédait : tout d'une pièce, il n'était pas dé-
pourvu de souplesse. Fougueux et diplomate,
franc parleur et menteur tout ensemble, il fit
du monde un théâtre dont il était le premier
acteur. Il n'eut pas le respect des lois, et il mé-
prisait les hommes, qu'il connaissait bien. Il
crut à la force plus qu'au droit, et à la bassesse
de ses courtisans plus qu'à leur caractère. A
l'extérieur il comptait sur ses canons, à l'inté-
rieur sur sa politique. Il voulut subjuguer son
époque; un instant il y réussit; il tomba le lendemain. Il tient plus du fléau que du fondateur.
Son génie complexe déconcerte l'observation ;
il provoque l'admiration et la haine, la recon-
naissance et la malédiction. Heureux jusque
dans son malheur, il ajouta à toutes ses chances celle d'une chute éclatante. Attaché, par les
gouvernements de l'Europe coalisés contre lui,
à un rocher sauvage, sous la garde de l'Océan,
il ressemble à Prométhée qui ne peut pas mou-
rir. Il a une gloire qui renaît sous les coups ré-
pétés du sort. Il brave les verdicts de l'opinion

et les ravages du temps, qui travaille pour lui.
Le marbre couvre son tombeau, et la légende
sa mémoire.

NAPOLÉON III

Après un interrègne de trente-trois ans, un
autre Napoléon apparaît. On aurait pu croire
que le premier devait être le dernier de sa
dynastie, semblable à ces fruits qui casssent la
branche qui les porte. Mais la Providence prit
encore sa prospérité à l'essai. Napoléon III sortit d'une tempête sociale. Toute sa force est
dans son nom, et sa foi fataliste explique son
audace. Fils de la reine Hortense, il n'hérita
pas du type de sa famille. Blond comme un
Hollandais, l'œil vitreux et sans regard, la
lèvre insouciante et l'allure impassible, il se
croyait sûr de n'être pas deviné. Ce qu'il y eût
de plus profond chez lui, c'est le silence ; ce
silence venait du tempérament et du calcul : on
le prit pour du génie. Quand il le rompait,
c'était à propos, pour dire des choses équivo-
ques, dans une langue mesurée. Il n'eut jamais
qu'une conviction, celle de lui-même ; il ne
poursuivit qu'un but : ce but, c'était l'empire.
La conscience ne le gênait pas ; un serment ne
l'embarrassait pas : il le prêtait la veille et le
violait le lendemain. Il tua la République
comme Néron fit égorger sa mère.

Arrivé au trône sous des dehors qui en im-
posèrent, il ne fut qu'un métis couronné. Dans
un siècle divisé, il ne sut pas choisir, de peur

de perdre une chance. Quand il avait l'intention du mal, il n'en avait pas entièrement le courage. Il aima le bien moins encore. De temps en temps il le passa, pour avoir le droit de faire le contraire, quand son intérêt l'exigeait. Il donna des gages à tous les partis ; plusieurs s'y prirent ; d'autres ne tombèrent pas dans le piége. Conspirateur, il confirma la sainteté de l'ordre. Carbonaro gradé, il envoya à l'échafaud les exécuteurs des desseins qu'autrefois il avait jurés. Libéral en religion, despote en politique, il enchaîna la liberté et jeta ses défenseurs en exil. Démocrate par goût, il rétablit la grande monarchie.

Dans sa jeunesse, il fit la guerre au Pape ; devenu empereur, il se dit son dévot fils. Il voulait le renverser ; pour mieux y réussir, il lui baisa les mains. L'Eglise l'importunait ; il ne la proscrivait pas, mais il songea à l'étouffer sous ses caresses. Au reste, il visait à être convenable, et il l'était en effet. Avec un symbole assez vague, il communiait. Et quand, debout sur le seuil des cathédrales, il recevait l'encens des pontifes, on croyait voir Théodose-le-Grand.

L'indécision et la bigarrure étaient le fond de cette nature amphibologique, qui s'appelle Napoléon III. De plus, quand on le percute, il sonne creux. Il aspira à paraître ce qu'il n'était pas. Ainsi, il n'avait rien de Jules César ; il se consola de son infériorité en écrivant son histoire. Stratégiste ordinaire, le métier des armes fut sa manie. Aujourd'hui, il raie un canon ; demain il adopte une mitrailleuse nouveau modèle ; entre temps il s'occupe de la guêtre du soldat ; il ne dédaigne pas de goûter sa nourriture. La bonté est une des qualités du souverain. Nous ne la nions pas dans Napoléon III, mais il y mêla un peu de pose. A cheval, il était splendide ; il marchait avec courage à la tête de son armée ; mais s'il commandait une bataille il la perdait, quand le hasard et la vaillance proverbiale de la France ne lui donnaient pas la victoire.

Dans le gouvernement il fut idéologue. Plus novateur qu'original, il eut des plans vastes, mais sans profondeur. Avec de la finesse dans le détail, il manqua d'habileté, si l'habileté consiste à prévoir et à réussir. Il se plaisait dans les échauffourées, mais il n'en sortit pas toujours avec honneur. Le principe des nationalités bouleversa l'Europe ; et quand la partie fut achevée, il se trouva que le principe avait profité à toutes les puissances, excepté à celui qui l'avait inventé. Soyons justes, Il y a une manœuvre que cet homme a su mener à bout : c'est la corruption nationale. Nous sommes de ceux qui pensent qu'elle était chez lui un programme, qu'il réalisa froidement, et non sans succès. *Corrumpere et corrumpi sœculum vocatur*, a dit Tacite. Volontiers nous choisirions ces mots pour l'épigraphe de son histoire. Il empoisonna l'âme d'un grand peuple avec le bien être et le plaisir. C'était le *panem et cir-*

censes des despotes romains, ramené en plein christianisme. Il sut développer le bien être, surtout il sut organiser le plaisir. Il détourna les esprits des idées sérieuses ; il escamota jusqu'au goût de la liberté. Il gagna les classes dirigeantes ; il abrutit l'armée des travailleurs. Les splendeurs de Paris furent son rêve et son péché, car elles n'étaient que la parure d'une courtisanne, hier encore la cité-reine de la plus noble nation de l'univers.

Pour faire éclater toute la pourriture cachée sous de brillantes surfaces, il suffisait de quelques cbus bien dirrigés. La Prusse était chargée de les tirer. Sedan est le pilori où la justice de Dieu a attaché Napoléon III, jusque-là plus heureux qu'il ne méritait, et moins capable qu'on ne pense. Monarque sans principe, soldat sans science, diplomate vulgaire, il donna sa mesure dans son dernier combat et c'est là que la postérité ira la prendre. Sedan est plus qu'une défaite ; c'est une expiation.

A Waterloo, Napoléon Ier chercha la mort ; à Sedan, Napoléon III ne voulait que vivre. A Waterloo, la garde pleura son empereur ; à Sedan, l'armée maudit son chef. Waterloo finit bien l'épopée de l'oncle ; Sedan termine mieux encore l'aventure du neveu. (1)

(1) R. P. At, *Le vrai et le faux en matière d'aut. et de lib.*

CONCLUSION

La race de Capet, la plus illustre de l'univers après celle de David, a écrit Lacordaire, s'élève comme un arbre magnifique dont les rameaux couvrent la moitié de l'Europe. Neuf cents ans de gloire n'ont pas épuisé sa sève prodigieuse.

Celui qui la résume est debout à la frontière. Il regarde la France mutilée ; il verse des pleurs sur sa chute et se réserve pour son heure. C'est le plus grand des rois, quoiqu'il n'ait pas de trône ; il sait d'où il vient et où il va. Il est du passé, il est de son temps. Il le connaît, il l'aime : il ne le flatte pas. C'est l'honneur fait homme. En attendant de gouverner son pays, il commande au malheur qu'il supporte et aux passions qu'il force au respect. Il console des abaissements auxquels nous assistons ; il soutient nos défaillances, en ne transigeant pas. Placé entre un monde qui croule et un monde qui vient prendre sa place, il semble un envoyé de Dieu. Au sein de la tourmente, c'est lui que les bons appellent ; mais la révolution le tient à distance, parce qu'un secret instinct l'avertit que son avènement serait la fin de sa dictature. Henri de France est de ceux qui sont suscités dans les crises violentes, pour guérir les patries malades, et leur faire des destinées dignes de leur histoire. Henri de France règnera, ou bien l'Europe catholique mettra encore beaucoup de temps pour retrouver son assiette. L'imagina-

tion s'épouvante en mesurant les épreuv[es]
qu'elle aura à traverser, mais aucune loi ne l[ui]
défend l'espérance. (1)

(1) R. P. *.., le vrai et le faux.